VENTE POUR CAUSE DE DÉPART

Beau Mobilier Moderne

Appartenant à M. X...

PARIS, LE 30 AVRIL 1914

CATALOGUE

D'UN

Beau Mobilier Moderne

Salle à manger Louis XV en noyer sculpté
Chambre à coucher en acajou et bronzes
Salon couvert en tapisserie d'Aubusson
Piano droit d'Érard
Commode, Secrétaire, Bureau, Armoires, Tables et Supports
Glaces, Sièges, etc.

OBJETS D'ART

TABLEAUX ET DESSINS

par :

BARRIER, BEAUQUESNE, BERTHELON, CHARPIN, RICHET, ETC.

Porcelaines et Faïences, Verrerie, Biscuits, Marbres, Sculptures
Objets variés

BEAUX BRILLANTS, BIJOUX

Argenterie, Plaqué, Métal Blanc
Pièces de Services et autres

BRONZES D'ART & D'AMEUBLEMENT

DONT LA VENTE AUX ENCHÈRES PUBLIQUES
PAR SUITE DU DÉPART DE M. X...
AURA LIEU

HOTEL DROUOT, SALLE N° 12

LE JEUDI 30 AVRIL 1914
A deux heures

COMMISSAIRE-PRISEUR
Me Émile BOUDIN
14, rue Grange-Batelière

EXPERT
M. Georges GUILLAUME
13, rue d'Aumale

EXPOSITION PUBLIQUE
Le Mercredi 29 Avril 1914, de deux heures à six heures

CONDITIONS DE LA VENTE

Elle sera faite au comptant.

Les adjudicataires paieront *dix pour cent* en sus des enchères.

Paris. — Imp. de l'Art, Ch. Berger, 41, rue de la Victoire.

DÉSIGNATION

TABLEAUX ET DESSINS

BARRIER (G.)

1 — *Nature morte.*
Panneau.

BEAUQUESNE

2 — *Épisode de bataille.*
Toile. Signée à gauche en bas.

BERTHELON (EUGÈNE)

3 — *Marine.*
Panneau. Signé à droite en bas.

BRUCK-LAJOS

4 — *Circassienne.*
Petit panneau.

CHARPIN

5 — *Berger et son troupeau.*
Toile. Signée à droite en bas.

GREUZE (D'après)

6 — *Buste de Jeune Fille.*

Pastel.

PAULY

7 — *Femmes drapées.*

Deux petits panneaux.

RICHET (Léon)

8 — *Coucher de soleil sur l'étang.*

Toile. Signée à droite en bas.

ROUX (Paul)

9 — *Rivière sous les arbres.*

Aquarelle. Signée à droite en bas et datée : *1879.*

SCHULZ

10 — *Paysages.*

Deux panneaux se faisant pendants.

SELLIER (D'après)

11 — *Léda.*

Panneau.

ÉCOLE HOLLANDAISE

12 — *Femme étendue.*

Petite gouache.

PORCELAINES ET FAIENCES

13 — Services de table et à dessert en porcelaine de Limoges, à semis d'œillets et dorures.

14 — Paire de vases, genre Sèvres, en porcelaine gros-bleu, à réserves de figures ; base en bronze ciselé.

15 — Garniture en porcelaine bleue, genre Sèvres, montée en bronze ciselé, à volutes et mascarons comprenant une coupe ovale à pied et deux vases.

16 — Quatre assiettes décoratives en porcelaine de Sèvres.

17 — Deux statuettes en porcelaine de Paris : Singes musiciens.

18 — Deux petites statuettes en porcelaine de Paris, figurant des allégories aux Arts.

19 — Groupe en porcelaine de Paris : Homme et femme portant des fleurs.

20 — Deux groupes, même porcelaine : Colporteurs, laveuse et remouleur.

21 — Deux statuettes de musiciens en porcelaine de Paris, sur socles en peluche.

22 — Quatre statuettes en porcelaine de Berlin, figurant les Saisons.

23 — Deux petites statuettes en porcelaine de Dresde : Personnages chargés de pampres.

24 — Paire de potiches couvertes en porcelaine de Dresde, à décors de figures ainsi que d'oiseaux, fleurs et fruits en relief.

25 — Groupe en porcelaine décorée : La Chaise à porteurs.

26 — Encrier, formé d'un plateau et de deux récipients mobiles, en porcelaine de Paris à fond vert.

27 — Deux tasses et leurs soucoupes en porcelaine de Paris, posant sur pieds-griffes et présentant les bustes de Napoléon Ier et de l'Impératrice.

28 — Tête-à-tête en porcelaine décorée, comprenant : plateau, cafetière, sucrier, pot à lait, deux tasses et deux soucoupes.

29 — Paire de petits porte-bouquets, ornés d'amours, en porcelaine décorée, émail cloisonné et bronze.

30 — Deux porte-bouquets en porcelaine décorée, émail cloisonné et bronze, posant sur trépieds à griffes.

31 — Deux petits vases simulés, à figures, en porcelaine décorée et bronze.

32 — Service à chocolat en porcelaine décorée de Dresde, comprenant onze tasses et onze soucoupes.

33 — Service à asperges de trois pièces. Même porcelaine.

34 — Service à glace. Même porcelaine.

35 — Lot de pièces de formes variées. Même porcelaine.

36 — Deux petites tasses et leurs soucoupes, genre Empire, en porcelaine de Vienne, à figures sur fond vert.

37 — Bonbonnière en porcelaine de Vienne, à sujet de danses sur fond rouge.

38 — Bonbonnière et petit baquet en porcelaine décorée, genre Saxe, à fleurs et ornée de bronzes.

39 — Bonbonnière en porcelaine décorée, à réserve de buste de femme sur fond bleu.

40 — Service à poissons en porcelaine décorée, genre Copenhague, comprenant : un grand plat, une saucière et douze assiettes.

41 — Chien, lapin et groupe de pingouins en porcelaine. Genre Copenhague.

42 — Deux vases, à figures en relief, en porcelaine. Genre Copenhague.

43 — Trois plats décoratifs en faïence italienne.

44 — Vase à anse-satyre en faïence italienne, sur socle en peluche rouge.

45 — Paire d'aiguières en faïence italienne, décorées d'amours et de cariatides.

46 — Paire de vases à pans coupés en porcelaine de Chine, à personnages.

47 — Paire de potiches en grès émaillé de Chine, à dragons, fleurs et feuillage.

48 — Paire de petits vases-balustres en porcelaine de Canton, à personnages.

49 — Deux petits cache-pot et leurs présentoirs en porcelaine de Canton.

50 — Trois grandes assiettes, six petites et deux raviers en porcelaine de Canton, à personnages.

51 — Groupe en porcelaine de Chine : Femme étendue et enfant.

52 — Vase en céramique de Satsuma, à personnages ; monture en bronze.

53 — Paire de vases en céramique de Satsuma.

54 — Plateau carré en porcelaine du Japon.

55 — Pichet en céramique brune de Thoune, à fleurs.

56 — Lot d'assiettes décoratives en faïences variées : Quimper et autres.

57 — Jardinière oblongue en céramique flammée, ornée de bronze. Art nouveau.

58 — Grande jardinière, à décors polychromes, en faïence de Quimper.

59 — Douze assiettes à huitres en faïence verte.

BISCUITS, MARBRES

SCULPTURES, VERRERIE

OBJETS VARIÉS

60 — Statuette de joueuse de harpe en marbre polychrome sculpté. Signée : *Worder-Meyer*.

61 — Statuette de Vénus accroupie en marbre blanc.

62 — Statuette de Phryné en marbre blanc.

63 — Groupe en marbre de Carrare, par DUCHÉ : Les Enfants au puits.

64 — Mortier en marbre blanc, avec son pilon.

65 — Brûle-parfums en albâtre et bronze, sur socle en marbre.

66 — Coupe en marbre noir et bronze patiné, à décors de lions.

67 — Groupe en biscuit : Amours-musiciens.

68 — Deux groupes en biscuit, présentant des pastorales ; bases en bronze ajouré.

69 — Quatre groupes en biscuit : Enfants et bestiaux.

70 — Buste de Mme du Barry en biscuit, sur piédouche en plâtre et socle en peluche verte.

71 — Deux vases enguirlandés en biscuit, sur socle à têtes de béliers.

72 — Jardinière, forme char, en biscuit.

73 — Deux petites urnes en biscuit de Wedgwood.

74 — Vase en terre cuite décorée, à figures. Signée : *Le Guluche*.

75 — Construction en bois sculpté et découpé. Travail de Berne.

76 — Figurine d'ours en bois. Même travail.

77 — Trois motifs de décoration en bois sculpté, présentant des intérieurs. Même travail.

78 — Service de verrerie en cristal gravé, comprenant huit carafes et environ soixante-huit verres variés.

79 — Service de verrerie en cristal gravé, comprenant : huit carafes et un fort lot de verres à pied de différentes dimensions.

80 — Service à liqueurs en verre décoré, comprenant : un plateau à monture de cuivre, quatre flacons et douze petits gobelets.

81 — Lot de gobelets et flûtes en verre décoré de Carlsbad.

82 — Seau à punch, avec cuiller, en verre décoré de Carlsbad.

83 — Boîte à thon en cristal, avec plateau et couvercle en métal argenté.

84 — Pichet en cristal taillé; monture en bronze argenté, de style Louis XV.

85 — Autre pichet en métal argenté, à feuillage et fruits.

86 — Deux vases à pans coupés en cristal décoré de Carlsbad.

87 — Deux petits vases, de formes variées, en verre de Venise.

88 — Petite jardinière en cristal partiellement émaillé, à décors d'oiseaux.

89 — Plateau de surtout en cristal, de forme ovale; monture en bronze doré, à anses.

90 — Lampe en verre artistique, de *Gallé*.

91 — Vase en verre artistique, à fleurs et feuillage. Signé : *Devez* ; socle en peluche rouge.

92 — Six petits oiseaux naturalisés, sur perchoirs.

93 — Canne en cerisier moucheté, manche en métal niellé de Tolède.

94 — Appareil à couper le pain en bois clair.

BIJOUX

95 — Bague à monture de platine, ornée d'un beau brillant solitaire.

96 — Autre bague de même genre, avec pierre plus petite.

97 — Brillant solitaire, avec monture or et platine.

98 — Bague en or, avec perle au centre du chaton et deux brillants en fer de lance.

ARGENTERIE, PLAQUÉ

MÉTAL BLANC

PIÈCES DE SERVICES ET AUTRES

99 — Légumier couvert en argent ciselé, à rocailles et fleurs. Style Louis XV.

100 — Plat creux, de forme carrée, en argent ciselé, à moulures.

101 — Saucière à anses et plateau adhérent en argent ciselé.

102 — Service à découper de deux pièces, à manches d'argent, posant sur un support en métal argenté.

103 — Service à dessert, comprenant douze cuillers, douze couteaux et onze fourchettes en métal argenté et doré ; dans un écrin.

104 — Service à glace, comprenant : une pelle et douze cuillers en métal argenté ; dans un écrin.

105 — Service à vin de dessert, comprenant un plateau en métal argenté et un grand carafon, ainsi que six verres, en cristal gravé et métal.

106 — Plateau long, cafetière et sucrier en métal argenté et martelé.

107 — Plateau mouvementé en métal argenté : Femme à la fontaine.

108 — Sucrier à anses et couvercle en métal argenté, à décors de fleurs.

109 — Sucrier bas en métal argenté, doré à l'intérieur, avec sa pelle à saupoudrer.

110 — Jardinière en métal argenté. Art nouveau.

111 — Seau-rafraîchissoir, de forme oblongue, en métal argenté, de style rocaille.

112 — Seau à biscuits, muni d'une anse, en métal argenté, à feuillage.

113 — Salière double et pince à asperges en métal argenté.

114 — Ménagère en métal argenté, comprenant cinq pièces en verre gravé : burettes, salières et moutardier.

115 — Deux coquetiers et deux cuillers à œufs en métal argenté.

116 — Bouilloire en métal argenté, à roseaux et insectes.

117 — Bonbonnière en métal argenté et orné d'un buste au couvercle.

118 — Sept pièces en métal argenté : dessous de carafes, passe-thé et timbre.

119 — Grande coupe à pied en métal argenté et ajouré, à feuillage et fruits.

120 — Six coupes à champagne en métal argenté, dorées à l'intérieur.

121 — Deux porte-menu en métal argenté.

122 — Deux cuillers à sauce et deux pinces à sucre en métal argenté.

123 — Deux pinces à asperges variées en métal argenté.

124 — Pelle à saupoudrer en métal argenté.

125 — Sucrier en cuivre argenté, doublé de cristal; couvercle à fleurs.

126 — Deux gobelets en cuivre argenté, à décors de pâquerettes.

127 — Service en nickel, comprenant : plateau, cafetière, sucrier et pot à lait.

128 — Petit service à œufs en nickel, comprenant un plateau et six coquetiers.

129 — Plat ovale et deux plats ronds en nickel, à moulures.

BRONZES

D'ART ET D'AMEUBLEMENT

CUIVRE ET ÉTAIN

130 — Statuette équestre de Napoléon au Saint-Bernhard en bronze patiné, sur socle rectangulaire en marbre vert de mer, orné d'un bas-relief en bronze doré.

131 — Statuette en bronze patiné : Mélodie. Signée : *A. Carrier-Belleuse.*

132 — Statuette en bronze doré : la Muse des bois, par Lefeuvre. *Maison Siot-Decauville.*

133 — Autre statuette du même genre : la Joueuse de boules, par Gérome.

134 — Groupe de style japonais en composition patinée, formant timbre.

135 — Garniture de cheminée en bronze ciselé et doré, à rocailles et feuillage, comprenant une pendule surmontée de la figure du Temps et deux candélabres à trois lumières.

136 — Paire de candélabres en bronze patiné et doré, à cinq lumières, présentant des figures de victoires sur sphères à coqs; bases en marbre vert de mer à griffons et pampres en bronze.

137 — Paire de candélabres en composition : Figure d'enfant. Style Louis XV. *Maison Mielle.*

138 — Paire de petits flambeaux en cuivre ciselé, à feuillage.

139 — Appareil d'éclairage en bronze ciselé, à rocailles, muni de quatre tulipes renversées.

140 — Deux lampes en cuivre artistique repoussé, ornées de cabochons.

141 — Autre, à pied-onyx. Montée pour l'électricité.

142 — Petite lampe électrique en bronze patiné, munie d'un abat-jour réflecteur.

143 — Lustre en bronze ciselé, à quatre tulipes renversées. Style Louis XV.

144 — Plafonnier en bronze, à trois becs renversés. Monté pour l'électricité.

145 — Galerie de foyer en bronze ciselé, modèle à vases et rocailles. Style Louis XV.

146 — Pare-étincelle en bronze ciselé, de style rocaille.

147 — Porte-pelles garni en bronze ciselé.

148 — Vase en bronze argenté et ciselé, à décor d'œillets, avec double fond en cuivre.

149 — Vase à anse en étain artistique, à figures.

150 — Deux vases à anse et deux petits pots en étain.

151 — Deux pichets en étain artistique. *Maison Kaiserzin.*

152 — Théière en étain munie d'un manche en bois.

153 — Plateau de surtout, composé de trois pièces en bronze argenté, de forme mouvementée et foncées de glace. Style Louis XV.

154 — Corbeille à papier en cuivre.

MEUBLES, SIÈGES, GLACES

SALON EN TAPISSERIE D'AUBUSSON

PIANO DROIT D'ÉRARD

TAPIS

155 — Ameublement de salle à manger en noyer sculpté, à feuillage, fleurs et rocailles, orné de bronzes, comprenant : un buffet, une desserte, une table et huit chaises couvertes en cuir. Style Louis XV.

156 — Argentier en noyer sculpté, à une porte, assorti à la salle à manger.

157 — Horloge à gaine en noyer sculpté, à rocailles, également assortie à la salle à manger.

158 — Mobilier de chambre à coucher en acajou ciré, orné de bronzes ciselés, comprenant : un lit de milieu avec sommier et literie, une armoire à glace à deux portes et une table de nuit. Style Louis XV.

159 — Table-coiffeuse assortie, à trois glaces.

160 — Mobilier de salon en bois sculpté et doré, à rocailles et fleurs, couvert de tapisserie d'Aubusson à bouquets sur fond crème ; il comprend : un canapé et quatre fauteuils. Style Louis XV.

161 — Commode en marqueterie de bois clair, ornée de bronzes, munie de trois tiroirs et couverte d'un marbre rouge veiné. Travail hollandais.

162 — Secrétaire en marqueterie de bois de couleurs, orné de bronzes ciselés et couvert d'un marbre ; il est muni d'un abattant et de quatre tiroirs. Travail hollandais.

163 — Bureau à cylindre en acajou, orné de bronzes et partiellement décoré au vernis.

164 — Armoire normande en chêne sculpté, à fleurs et feuillage ; fronton à corbeille et moulures.

165 — Petite armoire en chêne sculpté, à feuillage et moulures, munie de deux portes.

166 — Autre, plus haute, à une seule porte.

167 — Console en bois sculpté et doré, à coquilles et fleurs, couverte d'un marbre blanc veiné. Style Louis XV.

168 — Table de milieu en bois sculpté et doré, à coquilles et feuillage, munie d'un croisillon d'entrejambes et couverte d'un marbre blanc. Style Louis XV.

169 — Table à thé à deux étages en palissandre à marqueterie de cubes et ornée de bronzes.

170 — Guéridon mouvementé en noyer teinté. Style Louis XV.

171 — Petite table de nuit, de forme ovale, en marqueterie de bois de couleurs, ornée de bronzes; elle est munie d'une tablette d'entrejambes et couverte d'un marbre vert à galerie. Style Louis XVI.

172 — Petite table-chiffonnier, à deux tiroirs, en bois marqueté, ornée de bronzes et posant sur pieds cambrés.

173 — Petite table-tricoteuse, de forme ovale, en marqueterie de citronnier et partiellement décorée au vernis; elle pose sur quatre pieds à entrejambes. *Maison Maple.*

174 — Table-gigogne en citronnier marqueté.

175 — Deux sellettes en bois sculpté et doré, à quatre pieds cannelés, munies d'une tablette d'entrejambes foncée de canne. Style Louis XVI.

176 — Deux gaines-supports en marbre vert à cannelures.

177 — Pied-support en bois naturel sculpté, à cannelures obliques.

178 — Piano droit en palissandre, grand modèle. *Maison Érard.*

179 — Porte-manteaux en noyer ciré, garni de cuivre et foncé d'une glace.

180 — Paravent à cinq feuilles, couvert d'étoffe de fantaisie.

181 — Machine à coudre, grand modèle. *Maison Singer.*

182 — Deux glaces à cadres en nickel; autre à cadre en bambou.

183 — Trumeau de glace à cadre doré sur fond peint gris, surmonté d'une peinture : Femme et amours.

184 — Bergère à oreilles en noyer sculpté, de style rocaille, couverte d'étoffe de fantaisie.

185 — Chaise basse en bois sculpté et doré, foncée de canne et couverte d'un coussin mobile en soierie brochée. Style Louis XV.

186 — Tabouret de piano, couvert de peluche et casier à musique en palissandre.

187 — Deux panneaux décoratifs en tissu imitant la tapisserie.

188 — Trois petites carpettes en velours imprimé.

189 — Quatre carpettes haute-laine, à décors polychromes. Genre Orient.

190 — Petit tapis de prières à fond rouge et encadrement vert et bleu.

191 — Carpette persane, à dessins réguliers sur fond gros-bleu.

192 — Linoléum incrusté, à décors de rosaces sur fond vert.

193 — Lot de Mobilier courant et batterie de cuisine. (Sera divisé.)

194 — Objets omis.

www.ingramcontent.com/pod-product-compliance
Ingram Content Group UK Ltd.
Pitfield, Milton Keynes, MK11 3LW, UK
UKHW022147260726
13993UKWH00005B/2213

9 782329 531045